HUNDERTWASSER

Text und Zeichnungen: Willi Blöss
Colorierung: Beatriz López-Caparrós

5. Auflage 2022

ISBN: 978-3-938182-23-9

Willi Blöss Verlag, Aachen
www.kuenstler-biografien.de

„Ein gut aussehender junger Mann
mit selbst gemachten Sandalen."

Jeanne Facchetti

„Rasiert er den Bart ab,
so ist er verliebt."

Arik Brauer

1942 beginnt der 14-jährige Fritz Stowasser sein Tagebuch. Die Nachstellungen, unter denen die jüdische Familie der Mutter in Wien zu leiden hat, werden darin weitgehend ignoriert:
Blumen gemalt... Mutter Blumen gepflückt.
Einmal stutzt man über einen vermeintlichen Husarenstreich. 13.9.1943:
(Duce befreit) Großmutter.
Doch die Großmutter wurde nicht befreit. Auch nicht die Tante. Sie, bei denen Fritz und seine Mutter seit dem Anschluss Österreichs 1938 wohnen, sterben 1943 in Konzentrationslagern.
Nur der Duce, Hitlers italienischer Verbündeter, wird am 12.9.1943 von deutschen Fallschirmjägern befreit.

Der nichtjüdische Vater war kurz nach der Geburt von Fritz gestorben. Während der Nazizeit lässt die jüdische Mutter ihren Sohn katholisch taufen und steckt ihn in die Hitlerjugend.
DER DRITTE MANN
1945, sofort nach dem Krieg, gehen der 15-jährige Ernst Fuchs und der 16-jährige Erich Brauer, ebenfalls mit jüdischen Wurzeln, an die Verwirklichung ihrer künstlerischen Ambitionen.
1948, als der Film „Der dritte Mann" die Stimmung im besetzten Wien einfängt, stößt Stowasser als 19-jähriger Kunststudent zu den beiden. Es entwickelt sich eine lebenslange Freundschaft.
2

Mehr als ein halbes Jahrhundert später, im Jahr 2006, erinnert das Jüdische Museum in Wien an das Überleben und die Erfolge der drei Maler.
An den mystischen, 15 Kinder zeugenden Ernst Fuchs. An den singenden und tanzenden Arik (ehemals Erich) Brauer und an den im Jahr 2000 verstorbenen Friedensreich Hundertwasser.
1948 lag noch ein weiter Weg vor ihnen.
Beseelt von Ausstellungseindrücken, allen voran Schiele und die leuchtenden Bäume eines gewissen Walter Kampmann, bricht Stowasser nach drei Monaten sein Studium ab.
Per Autostopp reist er nach Italien. Zuvor hält er jedoch noch auf Schloss Leopoldskron auf Englisch den ersten seiner bald so berüchtigten missionarischen Vorträge.
Art is always changing. Everybody must be creative!
3

Schon früh zeigt sich die Neigung zum Weltenbummler.
1949: **Italien**
Beim Versuch, Russisch zu lernen, fällt ihm auf, dass „Sto" Hundert bedeutet. Von da an nennt er sich Hundertwasser. Erst später erfährt er, dass sein Name gemäß eines Tiroler Dialekts in Wirklichkeit „stehendes Wasser" bedeutet.
In Italien schließt er sich einem Trio aus Frankreich an: René Brault, genannt „Brô", der zu seinem engsten Freund wird, Bernard und Micheline...
...die jedoch schon von den beiden anderen umschwärmt wird.
Eifersuchtsschlaflosigkeit
(Pompeji, August 1949)
1950: **Paris**.
Er folgt Brô, über den er den Fotografen Augustin Dumage und dessen Frau kennen lernt.
Diese stellen ihm für die nächsten 6 Jahre ihren Gartenpavillon als Unterkunft zur Verfügung.

Zusammen mit Brô malt er dort an zwei großen Wandbildern. Nachdem er sich einen Tag lang an der Ecole des Beaux-Arts umgeschaut hat, interessiert ihn der Lehrbetrieb nicht weiter.
1951: **Marokko** und **Tunesien**.
Als Europäer, der sich unter die Einheimischen mischt, ist Hundertwasser den französischen Behörden suspekt.

Nach einem halben Jahr wird er ausgewiesen.
Im Gepäck hat er das Bild „Europäer, der sich seinen Schnurbart hält". Hundertwasser legt Wert auf die Schreibweise mit einem „r".
In Wien sorgt das Bild für Aufregung, weil der naive Stil als Beleidigung „echter" Kunst empfunden wird.
1951 in Wien entsteht auch das Bild mit dem Titel: „Wenn ich eine Negerin hätte, würde ich sie lieben und malen".

Im „Strohkoffer“, der Kellerbar des Wiener Art Clubs, kommt vieles zusammen.
1. Die Vergangenheit: Albert Paris Gütersloh, erster Präsident des Clubs, kannte Klimt noch persönlich und war Mitglied von Schieles Neukunstgruppe.
2. Die Mitglieder der „Wiener Schule des Phantastischen Realismus“, die sich ganz im Sinne des 1939 verstorbenen Sigmund Freud bemühen, den Begriff „Surrealismus“ zu vermeiden.
Die Surrealisten sind absolute Narren. Das Unterbewusstsein kann nie über dem Bewusstsein stehen.
3. Die von Hundertwasser als zu zerstörerisch abgelehnten „gestisch-abstrakten“ Künstler.
Hunderwasser verfolgt alles mit Interesse, ohne sich einer Gruppe anzuschließen.
Neben Fuchs und Brauer wird Arnulf Rainer zu einem weiteren wichtigen Freund.

Seine erste Einzelausstellung, 1952 im Art Club, finanziert er durch den Verkauf der geliebten, vom Vater geerbten Briefmarkensammlung.

Als er 1952 einen Wandteppich webt, lässt sich der Einfluss von Jugendstil und Wiener Werkstätten nicht leugnen.

Mit der eleganten Vertikalität von Klimts Meisterwerk „Der Kuss" präsentiert Hundertwasser einen „pissenden Knaben mit Wolkenkratzer". Aufgrund einer Wette entstand der Gobelin ohne Vorlage.

1954 hat Hundertwasser seine erste Ausstellung in Paris, in der Galerie Facchetti.
Wie sein Kommilitone Georges Pompidou ist auch der Student Léopold Sédar Senghor begeistert vom kulturellen Leben des Rive Gauche. Später, als Präsident des Senegal, erinnert Senghor sich an Hundertwasser. Er lädt ihn ein nach Dakar und Hundertwasser entwirft 3 Briefmarken für den Senegal.
8
Insgesamt wird er rund 30 Briefmarken für mehrere Länder entwerfen.
Auch deren Präsentationen nutzt er für pathetische Ausführungen:
SENEGAL
„Eine echte Briefmarke muss die Zunge des Absenders fühlen... die dunkle Innenseite eines Briefkastens erleben...“

Mitte der 1950er Jahre, im Pariser Atelier mit Brô und Fuchs, hatte Hundertwasser bereits zur Philosophie eines von Geld- und Erfolgszwängen befreiten Daseins gefunden.
Er richtet sich auf ein asketisches Leben ein. Wie Brô fertigt er sich Kleidung aus gefundenen Stoffstücken an.

In einem Film über Geisteskranke stößt er auf das Symbol „Spirale", das ihn fasziniert und ab 1953 in seinen Bildern auftaucht.
Lange beschäftigt ihn der Diskos von Phaistos, eine bis heute nicht entschlüsselte, 3500 Jahre alte Schriftspirale aus Kreta.

Als er 1954 in einem Spital in Rom eine Gelbsucht auskuriert, beginnt er ein Werkverzeichnis anzulegen, in dem er auch Frühwerke, etwa einen beim Urlaub in Dalmatien von den Wellen zerstörten Dampfer, auflistet.

1956 lockt ihn ein Freund mit dem Hinweis auf „entgegenkommende Frauen" nach Schweden.
Sie geraten jedoch zwischen rohe, gewalttätige Seeleute, als sie auf dem estnischen Frachtdampfer S.S. Bauta anheuern. Auf der Fahrt von Söderham nach Hull bewährt Hundertwasser sich als Matrose.
Zur gleichen Zeit erscheint in der Fachzeitschrift „Cimaise" sein in französischer Sprache verfasster Aufsatz zur Malweise des „Transautomatismus".

Neben erfolgreichen Ausstellungen in Frankreich und Italien sorgt ein 4-Jahres-Vertrag mit der Pariser Galerie Kamer für regelmäßige Einnahmen.
1957 kauft Hundertwasser sein erstes Auto und einen halb verfallenen Bauernhof in der Normandie.
Sein Nachbar merkt, dass er nur die Kettensäge anwerfen muss, schon kauft Hundertwasser die bedrohten Pappeln frei.
1958 verdammt Hundertwasser vor einem erlesenen Kunstpublikum im Kloster Seckau „gerade Linien" als „gottlos" und er verkündet das „Verschimmelungsmanifest".
Vom Naturkreislauf beeindruckt, fasst der Wuppertaler Galerist Jährling eine Schimmelfabrik ins Auge. Die Pläne werden jedoch verworfen.

„Er war ein Träumer. Manchmal musste man ihn dreimal an-sprechen, bevor er aufmerksam wurde." (Wieland Schmied)
Heiratest Du mich?
Heirate mich!
Wenn Du mich nicht heiratest, springe ich!
1958 heiratet er in Gibraltar Herta Leitner, die er 5 Jahre zuvor als 16-Jährige kennen gelernt hatte.
„Sie wäre sonst gesprungen."
Umgehend beantragt er die Scheidung, die 1960 ausgesprochen wird.
12

Auch in Hamburg hält er es nur 3 Monate aus.

Auf Empfehlung eines Sammlers wird Hundertwasser 1959 Gastdozent an der Hochschule für Bildende Künste. Nach der Idee des Ästhetikdozenten Bazon Brock beginnt er 1960 eine „unendliche" Linie zu ziehen.

Nach ca. 10 km wird das Vorhaben wegen Tumulten untersagt und Hunderwasser legt sein Amt nieder.

Ebenso wie 1981 als Dozent in Wien hatte er die Studenten in Hamburg vergeblich zum Verlassen der Schule aufgefordert.

Von Dauer sind dann die Folgen einer Brennnessel-Bouillon, die er 1960 im Zuge einer „Unabhängig leben"-Aktion in Paris für 200 Gäste zubereitet. Da keiner zugreift, isst er umso mehr.

Im Kessel befinden sich Waschmittelreste und Hundertwasser wird die nächsten 20 Jahre unter Gastritis (Magenbrennen) leiden.

Nach einer Preisverleihung in Tokio lebt Hundertwasser ein Jahr lang in Japan. Nicht nur die Kleidung dort ist nach seinem Geschmack.
Er lernt die Technik des japanischen Holzschnitts kennen, eine seltene Ehre für einen Europäer. Und die Kunststudentin Yuko Ikewada, die er 1962 in Wien heiratet (Scheidung 1966).
Nach japanischer Art schlüsselt er nun auch seinen Vornamen begrifflich auf und nennt sich „Friedensreich Hundertwasser".
In Japan ist er endlich auch in der Lage, sich dem Thema „Judenverfolgung" und der Ermordung seiner zahlreichen Verwandten zu nähern.
Wa Ho Hyaku Sui

Provokant bedient er sich bei seinen Auftritten auffallend häufig des Nazi-Jargons:

„Allgemeine Mobilmachung des Auges" (1959, Pintorarium-Manifest mit Ernst Fuchs und Arnulf Rainer)

„...von Österreich aus ging dieses Architektur-Verbrechen in die Welt." (1967, Rede gegen den Architekten Adolf Loos: „Los von Loos")

„... das von einem Exekutionskommando vollstreckte antiökologische Gerichtsurteil..." (1980, Kritik am Entfernen einer Kletterpflanze)

„Entartet" (zur zeitgenössischen Kunst, 1981, Rede nach Erhalt des Österreichischen Staatspreises)

„Anschluss II" (Aufkleber, 1994, gegen den EU-Beitritt Österreichs)

Als Befürworter der Monarchie, durch seine Freundschaft mit Otto von Habsburg und durch einen Kontakt mit Jörg Haider wird er die Irritationen auf die Spitze treiben.

„Mein Ruhm interessiert mich momentan nur insoweit, als er auf schöne Frauen Eindruck macht." (1957)

Die Beziehungen des Exzentrikers gestalten sich schwierig. Als Traumfrau schwebt ihm eine Mischung aus einer devoten Geisha und einem Vamp à la Marilyn Monroe vor.

Der 1963 entstandene „Akt nach Waltraude" zeigt eine verlockende junge Frau. Mit drei Beinen. Schwer zu finden.

1964 trägt ein Kupferstich den Titel „Mädchenfund im Gras". Fündig geworden war Hundertwasser in Hannover, wo Wieland Schmied und die Kestner-Gesellschaft eine wichtige Ausstellung mit ihm organisierten.

1965, offiziell immer noch mit Yuko Ikewada verheiratet, beeindruckt ihn am Genfer See die nahtlose Bräune der Tochter seines Idols Walter Kampmann.

„Wir fuhren nackt im Auto den See entlang. Sie war 20 Jahre und sehr schön und überall braun. Ich fühlte ihre Haut und ich fühlte ihre Hände. Mir war heilig zu Mute."

Bis 1968 tauchen in seinen Bildern viele, meist kurzhaarige Frauenköpfe auf. Und viele Tränen.
Schließlich wird das Bild „Irinaland" zum traurig-schönen Eingeständnis der Unerreichbarkeit seines Ideals.
Dass er danach kein reines Einsiedlerleben führt, belegen Hinweise auf weitere Lebenabschnittsgefährtinnen.
„Ich fuhr nicht hin, denn ich hatte ein Mädchen und wollte es nicht versetzen." (1981, nach der Einladung zu einem Vortrag)
1994, sechs Jahre vor seinem Tod, schickt er aus Neuseeland 30 Tage lang Faxe, die zusammengelegt ein großes Bild ergeben, an eine ihm nahestehende Dame in Wien.
17

„Ich habe schmerzlich durch die Frauen, die mich flohen, gelitten."
1968 flieht in Wien die Kulturstadträtin Gertrude Sandner vor ihm, als Hundertwasser während eines Vortrags gegen menschenunwürdige Architektur beginnt, sich zu entkleiden. Er handelt sich drei Anzeigen ein.
Seine erste „Nacktrede" hatte er im Jahr zuvor in München gehalten.
Dort begleiteten ihn neben Ernst Fuchs und Arnulf Rainer (diese angezogen) zwei ebenfalls unbekleidete Kunststudentinnen. In München erstattete niemand Anzeige.
Nach der Rede in Wien reist er zunächst nach Kalifornien, dann nach Sizilien, wo er einen 60 Jahre alten Holzfrachter kauft, den er zum Umbau nach Venedig überführt.

Venedig, wo er 1968 auch den deutschen Kollegen Horst Janssen trifft, wird für Hundertwasser zu einem der liebsten Aufenthaltsorte.
Stets mit Lagunenblick lebt er zunächst drei Jahre lang auf dem Schiff, das er „Regentag" nennen wird. Dann im Palazzo „Casa de Maria", später im Gärtnerhaus des „Giardino Eden".
In Venedig beschäftigt er sich auch intensiv mit Drucken.
Selbst bei 10.000er Auflagen produziert er Unikate. Genauso akribisch wie er jedes einzelne Blatt nachbearbeitet, nummeriert und signiert, führt er Buch über die Fahrten zu Claudio Barbatos Druckerei in Spinea.

1972 präsentiert Hundertwasser sich in der Fernsehsendung „Wünsch' dir was" einem Millionenpublikum als „Architekturdoktor". Er fordert das „Fensterrecht". Jeder Mieter soll seine Fassade so weit gestalten dürfen, wie sein Arm reicht.
Und gemäß der „Baumpflicht" soll in jeder Etagenwohnung ein Baum gepflanzt werden.
Für ähnliches Aufsehen sorgen bald auch die Auftritte mit der Humus-Toilette.
„Die Scheiße ist unsere Seele!"
„Wer eine Humus-Toilette benutzt, hat keine Angst vor dem Tod!"
1980 wird Hundertwasser zum Baumeister. Als Projekt des Sozialen Wohnungsbaus bietet das begrünte, farbenfrohe und unebene „Hundertwasserhaus" in der Wiener Löwengasse Wohnqualität für Einkommensschwache.
Neben Joram Harel, der sich seit 1972 um die Organisation kümmert, wird der Architekt Peter Pelikan zu einem wichtigen Helfer.

Ein ähnlicher Publikumsmagnet, dort jedoch zur Freude der Anwesenden, wird das 1991 eröffnete „KunstHausWien". Es beherbergt die von Joram Harel betreute Sammlung.
Von der Dachterrasse seiner Wohnung im „KunstHaus" aus sieht Hundertwasser im Osten die Zwiebeltürme der Löwengasse, im Westen die von ihm entworfenen Goldkugeln des Heizwerkes Spittelau.
Von rund 50 Bauprojekten wird etwa die Hälfte, teilweise postum, ausgeführt. Darunter die „Waldspirale" von Darmstadt, das Thermendorf Blumau, eine Krebsstation in Graz, Bauten in Osaka, die Grüne Zitadelle von Magdeburg oder der Bahnhof in Uelzen.
Als „schönstes Geschenk seines Lebens" bezeichnete er den Umbau der Kirche in Bärnbach. Den Prozessionsweg versieht er mit 12 Torbögen, auf denen sich die Symbole der Weltreligionen befinden.
Einen Bogen widmete er Menschen ohne Bekenntnis.

„Neuseeland ist ein schönes Land, dort sind die Menschen gut, dort machen sie keinen Krieg.“
(Elsa Stowasser, 1945, ihren durch Bombenangriffe verängstigten Sohn ablenkend)
REGENTAG
1973 fügt Hundertwasser seinen ständigen Aufenthaltsorten Wien, Venedig, dem Bauernhof in der Normandie und einer alten Mühle im österreichischen Waldviertel ein exotisches Ziel hinzu.
Er macht es Gauguin, dem Zivilisationsflüchtling von 1891, nach, kommt sogar noch etwas weiter. Bis nach Neuseeland.

In der Einsamkeit auf einer verlassenen Milchfarm sucht er Ruhe zwischen der Organisation weltweiter Ausstellungen, den Vorträgen, den Bauplänen, den Umweltschutzaktionen, der Gestaltung von Bibeln, Wörterbüchern und Friedensfahnen.
Dort ist er Frederick, der Einsiedler, der tausende von Bäumen pflanzt.
Mit Plastikflaschen versucht er, der Opossum-Plage Herr zu werden.

Am 19.2.2000 stirbt Hundertwasser an Bord des Kreuzfahrtschiffes Queen Elizabeth 2 an Herzversagen.
Joram Harel stellt zwei noch nicht erfasste Bilder in seiner Kabine sicher, zwei weitere findet er in Venedig. Mit der Nummer 1007 schließt er das Werkverzeichnis
Hundertwasser wird auf seinem Grundstück in Neuseeland begraben, nackt, 80 cm tief in der Erde, unter einem Tulpenbaum.

„...ein Baum an Stelle eines Grabsteins... so sterben die Menschen nicht, sondern verwandeln sich in Bäume."
24
ENDE

AACHEN, FEBRUAR 2011

„Wer ihn näher kennt, wird Gelegenheit gehabt haben zu beobachten, dass er an einem Kiosk immer zuerst nach Illustrierten oder nach Comic-Heften fragte."
Wieland Schmied

Zeittafel Friedensreich Hundertwasser

15.12.1928:	als Friedrich „Fritz" Stowasser in Wien geboren
1929:	Tod des Vaters (Blinddarmentzündung)
1948:	3 Monate Kunststudium in Wien
1949-51:	Reisen: Italien, Paris, Nordafrika
1952:	1. Ausstellung: Art Club Wien
1953:	malt 1. Spirale
1958:	heiratet Herta Leitner (Scheidung 1960); verliest das „Verschimmelungsmanifest"
1959:	Gastdozent, zieht „Linie von Hamburg"
1960:	Brennnessel-Aktion in Paris
1961:	Preisverleihung und Aufenthalt in Japan
1962:	heiratet Yuko Ikewada (Scheidung 1966)
1967 + 68:	„Nacktreden" in München und Wien
1968-72:	Schiffsumbau zur „Regentag" in Venedig
1972:	TV-Sendung „Wünsch' Dir was"; Freundschaft mit Joram Harel
1973:	1. Neuseelandreise, kauft altes Farmhaus
1975:	Humus-Toilette
1978-86:	1. Bauprojekt: Hundertwasser-Haus, Wien
1993 + 94:	Aktionen gegen Österreichs EU-Beitritt
19.2.2000:	stirbt an Bord der Queen Elizabeth 2; begraben in Neuseeland